# DIE SCHÖPFUNG

# DIE SCHÖPFUNG

ERNST HAAS

ECON

Sonderausgabe 1987



Gesetzt aus der Times-Antiqua

Druck und Bindearbeiten: Mainpresse Richterdruck Würzburg
Printed in Germany

ISBN 3 430 13718 7

# *INHALT*


Einführung 7

Die Schöpfungsgeschichte 11

Bildtafeln 25

*Die Elemente (1-36)*

*Die Jahreszeiten (37-71)*

*Die Geschöpfe (72-106)*

Ein Nachwort 147

Erläuterungen zu den Bildtafeln 149

# EINFÜHRUNG

In Stunden der Besinnung suchen wir Antwort auf die Urfragen: Woher kommen wir? Warum sind wir hier? Welchen Sinn hat unser Dasein?

Es fällt uns heute schwer, einfach daran zu glauben, daß der Mensch von heute auf morgen erschaffen wurde, als ein von anderen Lebewesen getrenntes eigenes Wesen. Viel eher sind wir bereit, den Menschen als Endglied einer langen Entwicklungsgeschichte zu sehen. Die wissenschaftliche Forschung belegte diese These vielfach, während man der biblischen Schöpfungsgeschichte eine mehr poetisch-symbolische Bedeutung zumaß.

Und doch stellt der Sprung vom Tier zum Menschen eine so gewaltige Bewußtseinsveränderung dar, daß allein diese Tatsache bisher eine endgültige Entscheidung für die wissenschaftliche oder für die religiöse Philosophie verhindert hat. Vielleicht aber sind wir nur nicht geöffnet genug, um eine Brücke zu finden, die Glauben und naturwissenschaftliche Erkenntnis miteinander verbindet.

Es war vielleicht gerade dieser Sprung in der Geschichte unseres Bewußtseins, den die Bibel mit der Plötzlichkeit der Entstehung meint. Denn aufgrund von Gestalt und Verhalten gehören Mensch und Tier immer noch zusammen, wenn er nicht diesen Funken in sich hätte, der ihn zwingt, Mensch zu werden. „Nur die Höhe des Menschen ist der Mensch", sagt Paracelsus, denn seine Tiefe ist viel tierischer als das Tier.

So wie wir ein Teil der Elemente sind, die uns umgeben und durchdringen, so ist unser Lebenskreis fast ein Sinnbild für Frühling, Sommer, Herbst und Winter.

Dieses Jahrhundert der Wissenschaft und Technik weckt unser Mißtrauen angesichts der aufbauenden aber auch zugleich zerstörenden Kraft, die unter dem „Sinn des Fortschritts" wirksam ist. Und wir suchen instinktiv nach dem Elementaren, Natürlichen und Absoluten, um dabei Säulen zu finden, die stark genug sind, das Dach unserer Existenz sicher zu tragen.

Wie immer haben wir dann bald die Grenzen dieses Unterfangens erreicht. Schon allein die Geschichte einer Schöpfung, der Geburt des Seins aus dem Nichts, übersteigt weit die Vorstellungskraft des menschlichen Verstandes. Und obwohl die Wissenschaft den Horizont unserer Erkenntnisse ständig erweitert, die Urfrage nach dem Sinn des Seins bleibt genauso verschlossen, wie sie es war, als der erste Mensch es wagte, sie zu stellen. Eine erfolgversprechende Suche ist nur in der Tiefe der menschlichen Seele, in Bereichen religiöser Empfindungen und in den höheren Sphären von Kunst, Musik und Literatur möglich.

Durch den Versuch, sich selbst und diese Welt umzugestalten, kam die Menschheit zu der grausamen Erkenntnis, daß reiner Intellekt sie blind werden ließ in der rücksichtslosen Ausnutzung dessen, was ihr so vertrauensvoll übergeben wurde.

Nie hat dies eine junge Generation stärker empfunden als die heutige. Auf einem Weg zwischen Wissenschaft und der Weisheit alter Kulturen sucht sie Inspiration, um Lösungen für die Zukunft unserer Welt zu finden.

Immer klarer zeichnet sich eine fast weltweite Sehnsucht ab, das Gleichgewicht zwischen Geist und Materie zu finden. Junge Menschen versuchen ebenso energisch wie verzweifelt, mit ihren Ideen eine einfachere Lebensweise zu erreichen, in der die Natur als Quelle der Erneuerung von großer Bedeutung ist.

Jede Periode der Geschichte beinhaltet eine Wahrheit, die tief verbunden ist mit dem Sinn unserer Existenz. In extremen menschlichen Situationen – sei es im Schmerz oder in der Freude, in der Liebe oder im Leid – reicht uns als Erklärung die reine Logik nicht aus, und wir flüchten uns deshalb in die Poesie, den der Wahrheit näherstehenden Bereich, um mit ihr unser Gefühl ausdrücken zu können.

Gerade das erste Kapitel der Bibel stellt ein solches Geschehen dar, in dem Unbekanntes durch eine poetische Vision als tiefere Wahrheit aufgedeckt wird. Und auch noch heute lebt die Idee von der Entstehung dieser Welt in uns allen und erfüllt uns mit der Sehnsucht, zu erfahren, wie es dazu kam. Im Schöpfungskapitel ist dies so stark und tief berichtet, daß es fast ein Wunder ist, wie in so wenigen und dazu so einfachen Worten ein derartiges Geschehen ausgedrückt werden kann.

Der ganze Text erstreckt sich nur über eine einzige Seite. Die Bilder, die diese erregenden Zeilen inspirierten, müssen die Phantasie in eine Bewegung der Phänomene wie Licht und Dunkelheit oder Farbbewegungen bringen.

Mythen sind religiöse Antworten auf die Frage nach dem Anfang. Dem Menschen der abendländischen Kultur steht die Schöpfungsgeschichte der Bibel am nächsten; man findet das Thema aber bereits in den Aufzeichnungen der ägyptischen und der babylonischen Kultur, auch in dem „Rigweda“, der indischen Entstehungsgeschichte. Andere Völker ohne Schrift haben ihre Erklärungen, Auslegungen und Visionen in unendlicher Fülle, die sie dem Wechsel der Jahreszeiten, den Elementen, den Steinen, Bäumen, Blumen und Tieren entnahmen. Indianer, Eskimos wie Polynesier begehen mit Festen und Riten den Anfang, die Entstehung des Lebens, um in wundersamen Auslegungen vom Werden und Vergehen das Kranke wieder in eine heilende Richtung zu zwingen.

„Am Anfang schuf Gott Himmel und Erde.“ Die Worte dieses kurzen Satzes allein schon erwecken in uns ein Gefühl der Ergebung und Bescheidenheit. In derselben Stimmung wurde dieses Buch begonnen und beendet. Es will nichts anderes sein als eine Art spirituelle Ökologie, der Versuch, diese Erde durch visuelle Preisung zu schützen.

William Blake sah die Welt in einem Sandkorn. Doch es gibt so unendlich viele Möglichkeiten, denn im Kleinen reflektiert sich das Große und umgekehrt. Der Formen sind viele, der Formeln nur wenige.

„Und Gott sah, daß es gut war." Immer wieder kehrt das Schöpfungskapitel des Alten Testaments zu diesem Satz zurück. Dieses Buch soll zu zeigen versuchen, daß es noch so ist und daß es so bleiben könnte, wenn wir wieder das zu schätzen begännen, was wir zu lange als selbstverständlich hingenommen und damit vernachlässigt haben.

*Am Anfang schuf Gott Himmel und Erde.*

*Und die Erde war wüst und leer, und es war finster auf der Tiefe; und der Geist Gottes schwebte auf dem Wasser.*

*Und Gott sprach: Es werde Licht! Und es ward Licht.*

*Und Gott sah, daß das Licht gut war. Da schied Gott das Licht von der Finsternis und nannte das Licht Tag und die Finsternis Nacht. Da ward aus Abend und Morgen der erste Tag.*

*Und Gott sprach: Es werde eine Feste zwischen den Wassern, die da scheide zwischen den Wassern.*

*Da machte Gott die Feste und schied das Wasser unter der Feste von dem Wasser über der Feste. Und es geschah so.*

*Und Gott nannte die Feste Himmel. Da ward aus Abend und Morgen der zweite Tag.*

*Und Gott sprach: Es sammle sich das Wasser unter dem Himmel an besondere Orte, daß man das Trockene sehe. Und es geschah so.*

*Und Gott nannte das Trockene Erde, und die Sammlung der Wasser nannte er Meer. Und Gott sah, daß es gut war.*

*Und Gott sprach: Es lasse die Erde aufgehen Gras und Kraut, das Samen bringe, und fruchtbare Bäume auf Erden, die ein jeder nach seiner Art Früchte tragen, in denen ihr Same ist. Und es geschah so.*

*Und die Erde ließ aufgehen Gras und Kraut, das Samen bringt, ein jedes nach seiner Art, und Bäume, die da Früchte tragen, in denen ihr Same ist, ein jeder nach seiner Art. Und Gott sah, daß es gut war.*

*Da ward aus Abend und Morgen der dritte Tag.*

*Und Gott sprach: Es werden Lichter an der Feste des Himmels, die da scheiden Tag und Nacht und geben Zeichen, Zeiten, Tage und*

*Jahre und seien Lichter an der Feste des Himmels, daß sie scheinen auf die Erde. Und es geschah so.*

*Und Gott machte zwei große Lichter: ein großes Licht, das den Tag regiere, und ein kleines Licht, das die Nacht regiere, dazu auch die Sterne.*

*Und Gott setzte sie an die Feste des Himmels, daß sie schienen auf die Erde*

*Und den Tag und die Nacht regierten und*

*schieden Licht und Finsternis. Und Gott sah, daß es gut war.*

*Da ward aus Abend und Morgen der vierte Tag.*

*Und Gott sprach: Es wimmle das Wasser von lebendigem Getier, und Vögel sollen fliegen auf Erden unter der Feste des Himmels.*

*Und Gott schuf große Walfische und alles Getier, das da lebt und webt, davon das Wasser wimmelt, ein jedes nach seiner Art, und alle gefiederten Vögel, einen jeden nach seiner Art. Und Gott sah, daß es gut war.*

*Und Gott segnete sie und sprach: Seid fruchtbar und mehret euch und erfüllet das Wasser im Meer, und die Vögel sollen sich mehren auf Erden.*

*Da ward aus Abend und Morgen der fünfte Tag.*

*Und Gott sprach: Die Erde bringe hervor lebendiges Getier, ein jedes nach seiner Art:*

*Vieh, Gewürm und Tiere des Feldes, ein jedes nach seiner Art. Und es geschah so.*

*Und Gott machte die Tiere des Feldes, ein jedes nach seiner Art, und das Vieh nach seiner Art und alles Gewürm des Erdbodens nach seiner Art. Und Gott sah, daß es gut war.*

*Und Gott sprach: Lasset uns Menschen machen, ein Bild, das uns gleich sei, die da herrschen über die Fische im Meer und über die Vögel unter dem Himmel und über das*

*Vieh und über alle Tiere des Feldes und über alles Gewürm, das auf Erden kriecht.*

*Und Gott schuf den Menschen zu seinem Bilde, zum Bilde Gottes schuf er ihn; und schuf sie als Mann und Weib.*

*Und Gott segnete sie und sprach zu ihnen: Seid fruchtbar und mehret euch und füllet die Erde und machet sie euch untertan und herrschet über die Fische im Meer und über die Vögel unter dem Himmel und über das Vieh und über alles Getier, das auf Erden kriecht.*

*Und Gott sprach: Sehet da, ich habe euch gegeben alle Pflanzen, die Samen bringen, auf der ganzen Erde, und alle Bäume mit Früchten, die Samen bringen, zu eurer Speise.*

*Aber allen Tieren auf Erden und allen Vögeln unter dem Himmel und allem Gewürm, das auf Erden lebt, habe ich alles grüne Kraut zur Nahrung gegeben. Und es geschah so.*

*Und Gott sah an alles, was er gemacht*

*hatte, und siehe, es war sehr gut. Da ward aus Abend und Morgen der sechste Tag.*

*So wurden vollendet Himmel und Erde mit ihrem ganzen Heer.*

*Und so vollendete Gott am siebenten Tage seine Werke, die er machte, und ruhte am siebenten Tage von allen seinen Werken, die er gemacht hatte.*

*Und Gott segnete den siebenten Tag und heiligte ihn, weil er an ihm ruhte von allen sei-*

*nen Werken, die Gott geschaffen und gemacht hatte.*

*So sind Himmel und Erde geworden, als sie geschaffen wurden.*

*Es war zu der Zeit, da Gott der Herr Erde und Himmel machte. Und alle die Sträucher auf dem Felde waren noch nicht auf Erden, und all das Kraut auf dem Felde war noch nicht gewachsen; denn Gott der Herr hatte noch nicht regnen lassen auf Erden, und kein*

*Mensch war da, der das Land bebaute;*

*Aber ein Nebel stieg auf von der Erde und feuchtete alles Land.*

*Da machte Gott der Herr den Menschen aus Erde vom Acker und blies ihm den Odem des Lebens in seine Nase. Und so ward der Mensch ein lebendiges Wesen…*

# *Die Elemente*

2

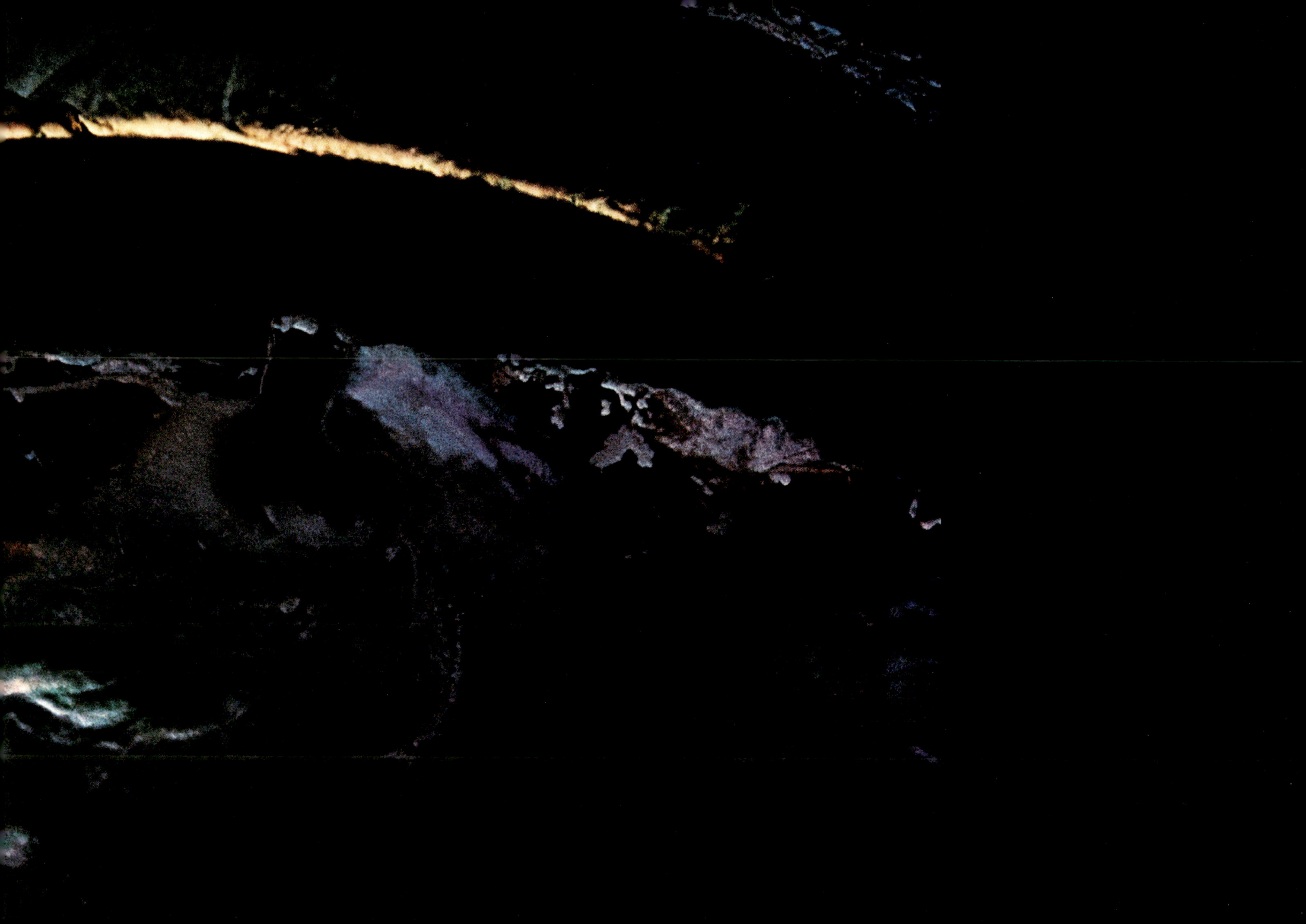

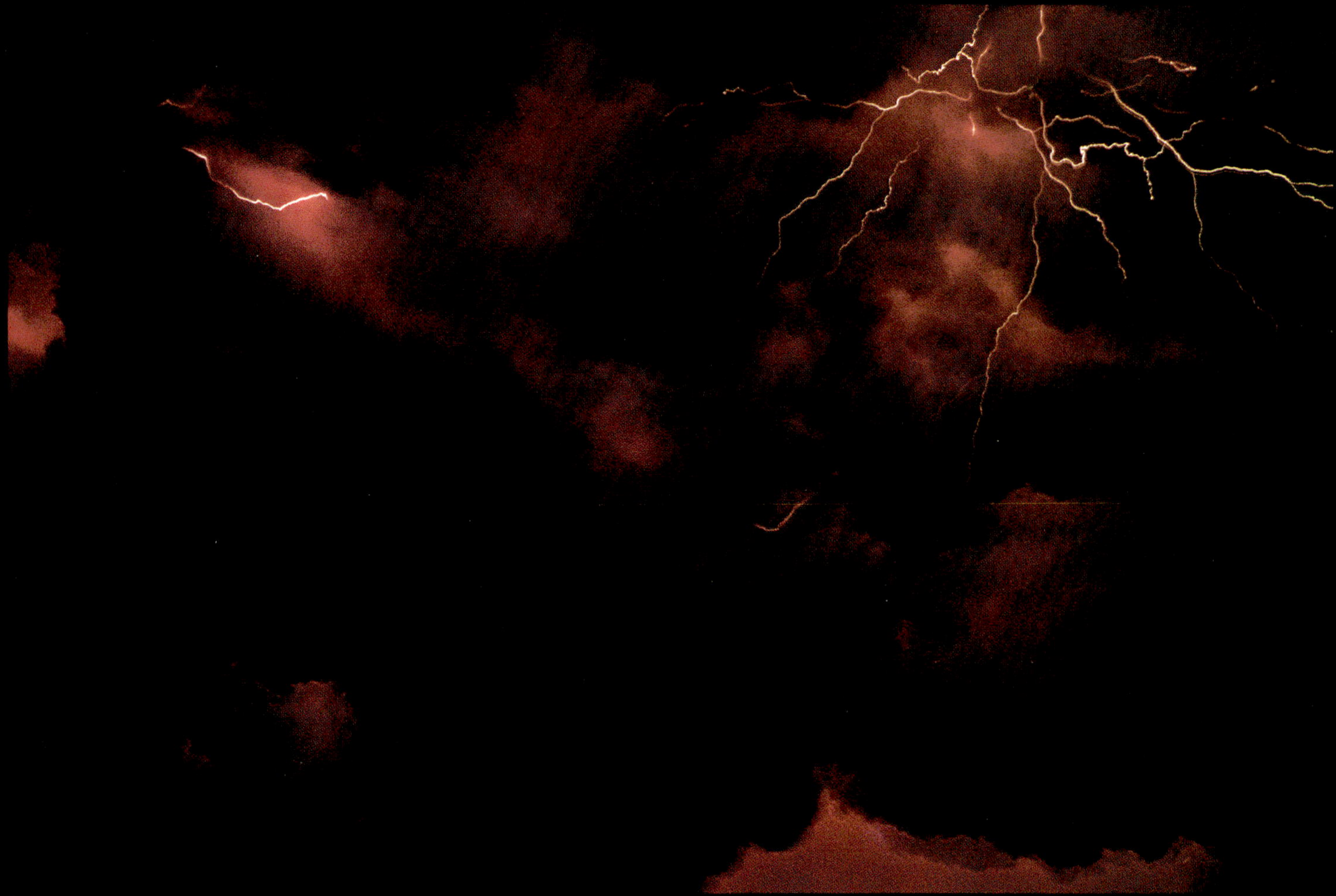

17

18

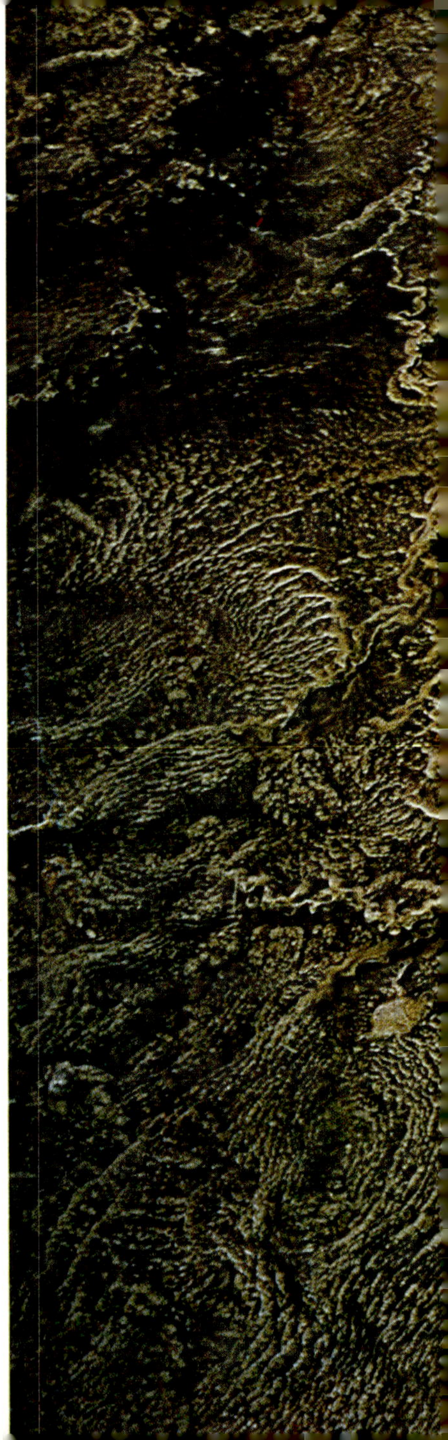

31

# *Die Jahreszeiten*

38

40

42

45

46

48

47

50

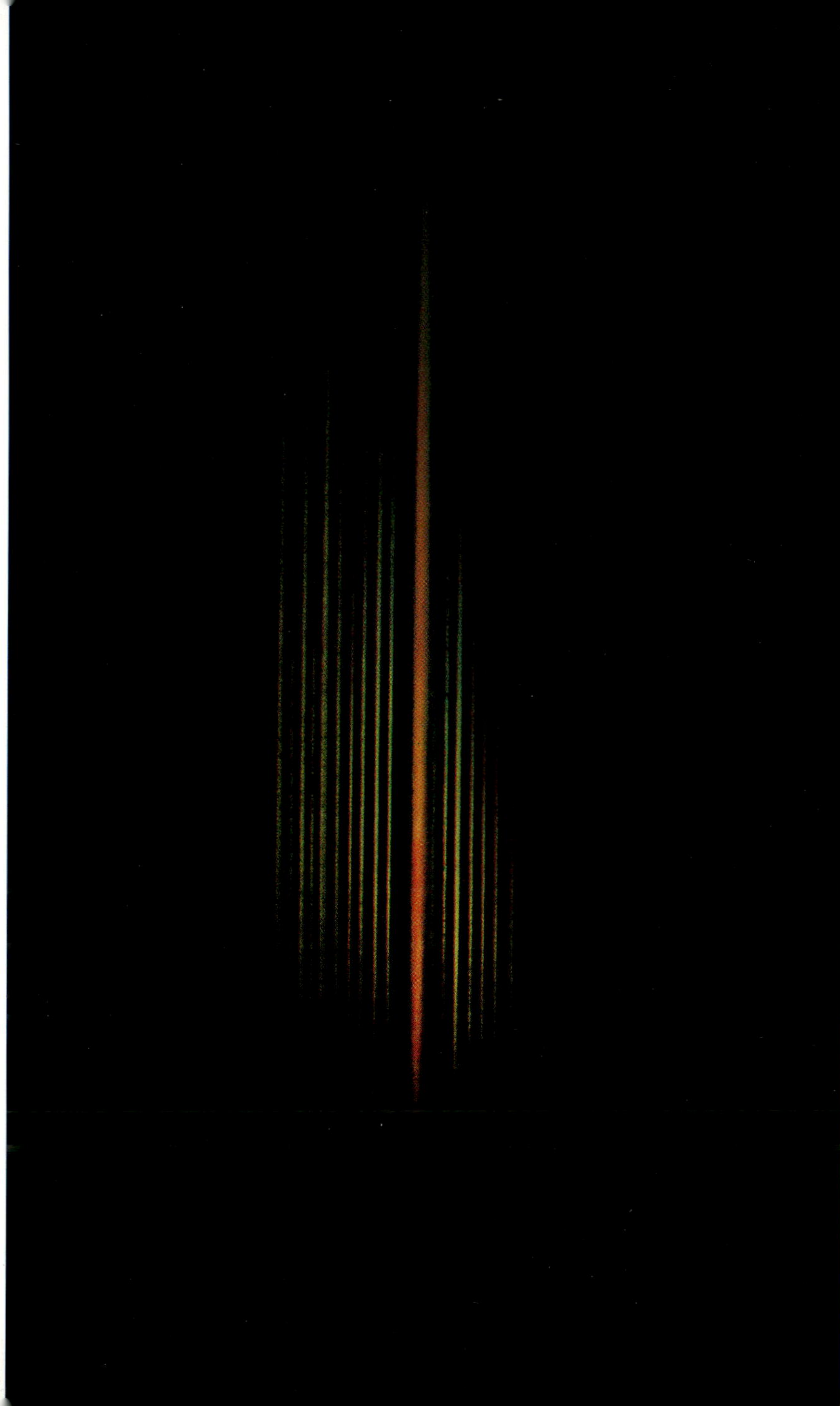

54

55

58

68

# *Die Geschöpfe*

74

80

83

86

87

94

93

96

# EIN NACHWORT

Viele, die diese Sammlung von Fotos vor Erscheinen des Buches gesehen hatten, stellten mir die Frage, wie ich auf das Thema gekommen sei und wie ich denn die Bilder eigentlich aufgenommen hätte.

Offengestanden entwickelte sich dieses Buch ganz allmählich. Vielleicht war der Keim dazu bereits am Tage meiner Geburt gelegt, ganz gewiß aber entsprang es meinem Interesse an der Naturgeschichte, die mich schon in früher Jugend faszinierte. 1959 schließlich ergab es sich bei einem Auftrag für ein Industrieunternehmen, daß ich mir Gedanken darüber machen mußte, wie man elementare Kraft möglichst echt photographisch darstellen könnte. Ich beschäftigte mich mit dem Begriff der Kraft und dachte an die Elemente Luft, Wasser, Feuer und Erde. In diesem Zusammenhang mußte ich auch an Schwefel denken, von dem ich in einem Buch über Alchimie gelesen hatte, daß er früher als das fünfte Element angesehen wurde. Ich reiste nach Yellowstone Park und besichtigte dort die Schwefelgruben, wo die Schwefelformationen sich dem Auge in phantastischer Gestalt und Struktur darbieten. Ich machte viele Aufnahmen, und als die besten vergrößert waren, fand ich das Resultat nahezu überwältigend. Seitdem experimentierte ich in den verschiedensten Teilen der Welt mehr und mehr in dieser Richtung. Es dauerte nicht lange, bis daraus eine Sammlung von Fotos wurde, deren Zahl in die Tausende ging. Ich sortierte und ordnete sie zur späteren Verwendung in meinem Archiv nach Kategorien wie Luft, Feuer, Wasser, Gestein und Vegetation.

Ich hatte damals einen Assistenten, der – man möge es glauben oder nicht – Michelangelo hieß. Als ich eines Tages nach längerer Arbeit ins Studio zurückkam, hatte er einige meiner Fotos im Projektor zusammengestellt. Mit leuchtenden Augen schaltete Michelangelo Musik ein; es war Haydn. Und dann, als die Bilder auf der Leinwand erschienen, sagte er: „Ist Ihnen bewußt, was Sie da fotografiert haben? Die Erschaffung der Welt!"

Die Sammlung wurde dann immer mehr verbessert und durch neue Fotos vervollständigt und abgerundet. Das dauerte bis Ende 1970. Schließlich blieb die Aufgabe, die Bilder miteinander in Verbindung zu bringen und so zusammenzustellen, daß sie die Elemente, die Erde, die Jahreszeiten, ja, die ganze Schöpfungsgeschichte überzeugend symbolisierten.

Für jene Leser, die gerne wissen möchten, wie die Bilder aufgenommen wurden, habe ich hier und da in den folgenden Erläuterungen zu den Bildtafeln kurze Hinweise auf meine Ausrüstung eingefügt. Die Texte sind mit der gleichen Nummer versehen wie die dazugehörigen Abbildungen.

In den letzten zehn Jahren hat sich sowohl an meiner Kamera-Ausrüstung als auch in der Empfindlichkeit von Farbfilmen einiges geändert. Ich habe stets mit Kodachrome gearbeitet, zu dessen Qualität ich bezeugen kann, daß sogar Bilder, die ich auf dem älteren Kodachrome I aufgenommen habe, im Laufe der Jahre nichts von der Leuchtkraft ihrer Farben eingebüßt haben.

Den neueren Kodachrome II-Film habe ich ständig benutzt, seit es ihn gibt. Er ist so konturscharf und feinkörnig, daß ich nie versucht war, anderes Filmmaterial auszuprobieren. Ich möchte nun nicht den Eindruck erwecken, als wollte ich hier Werbung treiben. Ich habe nie für Kodak, sondern nur mit Kodak gearbeitet, und zwar in so vielen unterschiedlichen Situationen, daß mir nun alle Eigenschaften des Films bestens vertraut sind.

Oft werde ich gefragt, ob ich ein Stativ benutze: Ich verwende fast nie eines. Da ich meine Kamera meist selber trage und deswegen am liebsten mit leichtem Gepäck reise, beschränke ich meine Ausrüstung auf ein Minimum. Ich habe immer mit der Leica M3 und M4 gearbeitet. Gelegentlich habe ich auch Pentax-Kameras mit Leica-Objektiven benutzt. Das 55-mm-Micro-Nikon-Objektiv eignet sich nach meiner Erfahrung ausgezeichnet für Nahaufnahmen. Alle Abbildungen, in deren Bildtexten die Jahre 1969 und 1970 erscheinen, wurden mit der neuen Leicaflex-Kamera und Leicaflex-Objektiven aufgenommen, mit denen ich außerordentlich zufrieden bin.

Hier noch einige Bemerkungen über Optik: Ich arbeite meist mit Objektiven der Brennweiten 21, 28, 35, 50, 90, 180 und 400 mm. Filter benutze ich selten, abgesehen von einem Polarisationsfilter, den ich für unentbehrlich halte, wenn man Spiegelungen und stark blendendes Licht reduzieren will. Das gilt auch für Aufnahmen durch Flugzeug- oder Autofenster, die einmal nie ganz sauber sind und zum anderen meist unerwünschte Spiegelwirkungen haben.

Ich will aus diesem Nachwort nun keineswegs eine technische Abhandlung machen, denn ich möchte unterstellen, daß der Leser, der wissen will, bei welcher Gelegenheit man welches Objektiv benutzt, wie man mit Kamera, mit Farbfilmen, Belichtungsmessern und dergleichen mehr umgeht, sich der vielen hervorragenden Fachbücher oder der von Herstellerfirmen mit deren Erzeugnissen herausgegebenen Broschüren bedient.

Wenn ich noch einen Rat geben darf, so ist es der, daß ein Fotograf lernen sollte, mit einem Minimum an Ausrüstung auszukommen. Je weniger einem die Ausrüstung zur Last wird, umso mehr kann man sich auf den Gegenstand und die Bildkomposition konzentrieren. Es sollte einfach so sein, daß die Kamera ein Teil des eigenen Auges wird.

# ERLÄUTERUNGEN

## *Die Elemente*

1. „Am Anfang schuf Gott Himmel und Erde. Und die Erde war wüst und leer." Es war nicht leicht, ein geeignetes Motiv als Auftakt für dieses Buch zu finden. Bei der Suche kam ich immer wieder auf dieses Foto zurück, das mich durch sein ganz besonderes Licht, seine Weite und die Klarheit der Farben beeindruckte. Ich habe es immer „Blaues Licht" genannt. Die Aufnahme hatte ich im Morgengrauen kurz nach einem Gewitter gemacht, als ich in etwa 7000 m Höhe über den Amazonas flog.

2. Vor vielen Jahren arbeitete ich an einem Bildbericht über Raketen für eine Werbeserie, und dabei mußte ich irgendwie mit meiner Kleinbildkamera die überwältigende Weite des Universums symbolhaft darstellen. Das Ergebnis eines meiner ersten Versuche ist dieses Bild — eine Spiegelung auf der kugeligen Oberfläche einer Abalonen-Muschel, die an gewaltige Dimension denken läßt. Für mich verkörpert dieses Bild darüber hinaus auch Bewegung und wechselndes Licht.

Ich besitze diese Muschel immer noch und habe oft versucht, die gleiche Wirkung noch besser auf dem Film festzuhalten. Aber bis heute ist es mir nicht gelungen, wieder genau den Winkel und die Beleuchtung zu finden, die jene Spiegelungen hervorriefen. Das beruht natürlich auf der Eigenart des Perlmutts mit seinen unendlichen Variationen an Farbe und Form. Ein Blick in die Muschel vermittelt dem Auge fast so etwas wie die Schneckenmuschel dem Ohr mit ihrem Rauschen, das an den Klang des Meeres erinnert. (1959)

3. Spiegelung auf der Oberfläche einer anderen Abalonen-Muschel. Die Muschel ist konkav, doch der Spiegeleffekt läßt sie konvex erscheinen und wirkt wie die erstarrende Kruste einer noch glühend-flüssigen Erde. Dieses Foto habe ich genau wie Abb. 2 mit einer 55-mm-Micro-Nikon-Linse im Freien bei natürlichem Licht aufgenommen, und zwar bei Sonnenuntergang, wodurch das rötliche Glühen hervorgerufen wird. (1970)

4. und 5. Das erste und erregendste Unternehmen während meiner Arbeiten an der einleitenden Szene zu John Hustons „The Bible" führte mich nach Surtsey. Das war im Jahre der Geburt dieser Insel. Die Bilder vom Krater, in dem es mit ungeheurer Hitze brodelt und kocht, wurden gegen Sonnenuntergang aufgenommen. Das Dämmerlicht ließ gerade noch die Farben des Hintergrundes erkennen, doch machte die hereinbrechende Dunkelheit schon die rote Glut der fließenden Lava sichtbar. (1965)

6. und 7. Auf Surtsey kampierten wir vier Tage lang an einer Stelle, die als sicherste galt. Was wir sahen, mutete uns wie die Erschaffung der Welt im Zeitraffertempo und verkleinerten Maßstab an. Die Ausbrüche des riesigen Kraters erfolgten in unregelmäßigen Abständen und waren von unterschiedlicher Intensität. Der Boden unter unseren Schlafsäcken war sehr warm, und wir mußten öfter den Platz wechseln, weil es einfach zu heiß wurde. Frühmorgens lag noch der Dampf von einem Lavaausbruch am Abend zuvor über der Erde. Die Lava war ins Meer geflossen. Ich glaube, wir waren die ersten Menschen auf der neugeborenen Insel.

8. Als ich in Khajuraho in Indien war, zog einmal gegen Mitternacht ein gewaltiges Gewitter in der Ferne auf. Ich stellte meine

Kamera (mit Teleobjektiv) auf ein Stativ, öffnete den Verschluß und überließ den zuckenden Blitzen die Beleuchtung. Was der Film aufgenommen hatte, stellte ich erst fest, als er entwickelt war. (1968)

9. Der eindrucksvolle Anblick von Eis und Schnee auf den Höhen der Yosemite-Berge brachte mich darauf, wie man die Vorstellung eines gewaltigen Sturms erwecken kann. Das hier horizontal wiedergegebene Foto wurde in Wirklichkeit vertikal aufgenommen. Ich fotografiere oft einen Gegenstand in der Absicht, damit einen anderen darzustellen, bleibe dabei aber stets beim gleichen Element oder bei etwas Verwandtem. Das übrige ist dann eine Sache der Komposition des Maßstabes — etwa die Vergrößerung eines Details — oder der falschen Perspektive, wie Leute vom Film es nennen. (1960)

10. und 11. Hier noch zwei Fotos, die auf Surtsey entstanden. Echte Angst hatten wir auf dieser Insel eigentlich nur vor schlechtem Wetter, das uns bei einem plötzlichen Vulkanausbruch daran gehindert hätte, zum Festland zu gelangen. Der Sturm, den ich auf diesen Fotos festgehalten habe, kam zum Glück erst auf, als wir bereits in unserem Boot waren. Die auf der Abb. 11 im Hintergrund sichtbaren Inseln sind zweifellos auf ähnliche Weise entstanden wie Surtsey. In meinem ganzen Leben hat nichts bei mir einen so tiefen Eindruck von den Elementen und vom Chaos hinterlassen wie die Gewalt jener riesigen Brecher, der heulende Wind, der Regen und die seltsam geformten Lavafelsen. (1965)

12. und 13. In einer vom Menschen noch unberührten Landschaft strömt hier das Wasser der Gullfoss-Fälle in Island mit ungebändigter Kraft herab. Abb. 12 möge hier die Worte symbolisieren: „Es werde eine Feste zwischen den Wassern", und Abb. 13 die Worte: „Es sammle sich das Wasser unter dem Himmel an besondere Orte, daß man das Trockene sehe".

Eine ähnliche Stimmung liegt an stürmischen Tagen über fast jeder zerklüfteten Küste, wo sich große Wellen an den Felsen brechen und das Wasser in unzähligen Kaskaden herabschäumt, um schließlich den nackten Fels wieder auftauchen zu lassen. Beim Anblick der Gullfoss-Fälle denkt man unwillkürlich an eine große Flut, die die Täler füllte, die Berge überspülte, dann wieder allmählich sank und nur noch einen Strom hinterließ, der das trockene Land durchzieht.

Abb. 12 ist wie ein Sandwich: Von dem Original-Dia habe ich eine Kopie gemacht und sie umgekehrt auf das Original montiert, um damit den Eindruck von den „geteilten Wassern" hervorzurufen. (1965)

14. und 15. „Es werde Licht!" Das erste Bild wurde 1970 beim Flug durch dichte Wolken während eines Gewitters über dem Karibischen Meer durchs Flugzeugfenster aufgenommen. Das zweite Bild habe ich frühmorgens auf einer Fjord-Fahrt in Norwegen vom Schiffsdeck aus gemacht. Dieser seltene Anblick erschien mir wie die perfekte Verbindung der vier Elemente — Feuer (versinnbildlicht durch die Sonne), Luft, Wasser und Erde. Die Szene drückt eine Einheit aus, wie ich sie in dieser rein visuellen Form nie mehr erlebt habe. (1966)

16. Dieses Bild, das an die Wölbung der Erdoberfläche erinnert, könnte fast aus dem Weltraum aufgenommen worden sein. In Wirklichkeit ist es ein Beispiel falscher Perspektive. Die

Lava-Asche des Vulkans von Surtsey hat sich zu einem so ausgedehnten, klar und gleichmäßig abgegrenzten Rundhügel gewölbt, daß man sich jedesmal, wenn die Sonne über seinem Horizont auf- oder untergeht, leicht vorstellen kann, man blicke aus ungeheurer Entfernung auf die Erde. Sicher verdankt dieser Hügel aus vulkanischer Asche, der so ganz anders aussieht als irgendein gewöhnlicher Berg, seine ebenmäßige Oberfläche der Einwirkung von Wind und Regen.

17. und 18. „Da machte Gott die Feste und schied das Wasser unter der Feste von dem Wasser über der Feste." Um jene schwierige Passage der Schöpfungsgeschichte darzustellen, kann es, so meine ich, gar keine bessere Interpretation geben als diese beiden Bilder von zwei Regenbogen, die sich über das Meer spannen.

Die Umstände, unter denen ich das Foto auf Abb. 17 aufgenommen habe, werde ich so leicht nicht vergessen. Es war 1963 auf einem Flug über Miami, und die kleine Maschine wurde durch eine Luftströmung immer höher gedrückt. Der Pilot war ein junger Fotograf, der seinen ersten Alleinflug machte und mich als Begleiter eingeladen hatte. Da ich von aeronautischen Problemen wenig Ahnung habe, geriet ich in Begeisterung über die Perspektiven, die der Pilot mir, ohne es zu wollen, erschloß. Schließlich bat ich ihn, auf der erreichten Höhe zu bleiben und nicht weiter zu steigen. Ich ahnte ja nicht, daß er vollkommen hilflos war, und daß das Flugzeug ohne sein Zutun höher und höher getrieben wurde.

Wir sahen zwei Regenbogen, ein mir bisher unbekanntes Phänomen. Der zweite Regenbogen auf Abb. 17 ist kaum zu erkennen. Als ich das Bild aufnahm, begann unser Flugzeug plötzlich beängstigend abzusacken, und was von dem zweiten Regenbogen zu sehen ist, war alles, was ich in dem Moment auf dem Film festhalten konnte. Zwei Jahre später in Island habe ich nochmals einen doppelten Regenbogen aufgenommen. Es ist das Foto auf Abb. 18. (1965)

19. Das Ufer der Insel Tobago kurz nach einem Gewitter. Die Sonne war gerade wieder durch die Wolken gebrochen, die durch das Wechselspiel ihrer Schatten eine Vielfalt von grünen und blauen Farbtönen auf dem Meer hervorriefen. Es war eine für das Karibische Meer sehr typische Stimmung. Ich habe die Aufnahme mit einem 180-mm-Sonnar-Objektiv bei F4 und $^1/_{500}$ Sekunde gemacht. (1968)

20. Leicht kräuselt sich das Wasser dieses vom Schatten des Berges gestreiften norwegischen Fjords. Die Farben und Formen, die sich in den Seen und Flüssen spiegeln, bieten nahezu unbegrenzte Variationen für fotografische Studien. (1966)

21. Wasser schimmert in den Poren einer Koralle, nachdem eine Welle sie überspült hat. Vereinzelte kleine Wassertümpel zeigen dem Betrachter in mehreren vergrößerten Fernreflektionen ein Mosaik von Strand und Firmament. Das Foto wurde in Mazatlán in Mexiko aufgenommen. (1963)

22. Dieses kurz nach dem Start in Kalifornien vom Flugzeug aus aufgenommene Motiv stellt in gewisser Hinsicht ein Paradox dar. Jene fast wellenförmige Gebirgsformation — so könnten die Berge in der Frühgeschichte unserer Erde ausgesehen haben — ist in Wirklichkeit ein sehr neuzeitlicher Smog, der die Berge um Los Angeles verhüllt. (1962)

23. Bei Dreharbeiten, vor allem in abgelegenen Landstrichen, habe ich die manchmal ausgedehnten Pausen zwischen Aufnahmen genutzt, um meine Bildsammlung von Naturerscheinungen zu erweitern. Hier in Mazatlán in Mexiko arbeitete ich ganz dicht am Meer mit Yul Brynner an Außenaufnahmen für „Kings of the Sun". Als ich so dasaß und auf das Meer blickte, fesselten mich die seltsamen Strukturen im Sande, die mit jeder sanft und flach heranspülenden Welle ihre Gestalt veränderten. Ich verwendete für die Aufnahme ein Weitwinkelobjektiv sowie einen Polarisationsfilter, um Spiegelungen zu beseitigen. Es entstand auf diese Weise eine Landschaft, deren Dimensionen Auge und Vorstellungskraft des einzelnen nach Belieben bestimmen mögen. (1963)

24. Kurz nach dem zweiten Weltkrieg sah ich zum erstenmal die Arbeiten Edward Westons. Sie inspirierten mich, wenngleich ich bemüht war, ihn nicht zu kopieren. Jahre danach entdeckte ich am Strand von Point Lobos in Kalifornien — hier hatte Weston gelebt und so manches berühmt gewordene Foto gestaltet — diesen von Wellen umspülten Felsen. Große Brecher ließen das Wasser wieder und wieder über seine Flächen strömen, während das Licht, das die bunte Meeresfauna traf, sich in zahllosen Schattierungen von Ocker, Grün und Blau brach. Um die schnelle Bewegung des Wassers festzuhalten, wählte ich eine Verschlußzeit von $^{1}/_{1000}$ Sekunde bei Blende 2. (1959)

25. Die weite, schimmernde Wasserfläche einer Lagune auf Surtsey, bei Sonnenuntergang vom Gipfel des Vulkans gesehen. Dieses Bild wie auch die anderen Fotos von der Insel wurden während der Dreharbeiten für den Film „The Bible" aufgenommen. (1965)

26. Blick in den Hveravellir-Geiser in Island. Das Foto wurde aufgenommen, als der Geiser gerade zu einer neuen Eruption ansetzte und als bereits erste Blasen emporstiegen. Zwischen den Eruptionen liegt das leuchtend blaue Wasser völlig reglos und klar und läßt uns in seine geheimnisvollen Tiefen mit ihren wundersamen Bildern und Spiegelungen blicken. (1965)

27. Die unbewegte, kupferfarbene Tiefe eines anderen, tausende von Meilen entfernten Geisers im Yellowstone National Park in Kalifornien. (1960)

28. und 29. Diese Bilder, die an Urzeitlandschaften mit Ansätzen von erster Vegetation erinnern, sind in Wirklichkeit Detailaufnahmen aus den Schwefelgruben von Mammoth Hot Springs im Yellowstone National Park. Abb. 29 zeigt einen etwa 1 m breiten und $1^{1}/_{2}$ m langen Ausschnitt der Grube. Die auf Abb. 28 gezeigte Fläche dagegen ist rund 30 m breit. Diese Strukturen verändern sich ganz allmählich von einem Monat zum anderen. Für beide Bilder habe ich ein 21-mm-Leica-Weitwinkelobjektiv verwendet. (1961)

30. und 31. In der Wüste Utahs gibt es bestimmte Felsen, die man „picture rocks" nennt. Sand, Wind und Regen haben die unwahrscheinlichsten Muster in sie eingegraben, welche eine dritte Dimension vorspiegeln. Diese Fotos, die an einem Steinbruch aufgenommen wurden, erwecken fast den Eindruck, als blicke man in zwei phantastische Höhlen. (1961)

32. Dieses Foto mag vielleicht Sanddünen vortäuschen. In Wirklichkeit aber handelt es sich um ein mit ungewöhnlichem

Winkel aufgenommenes Detail von der Wand in einer Sandhöhle in Arizona. (1964)

33. Hier ein Detailfoto von einem anderen „picture rock“, in dessen Linien-Labyrinth ich eine Madonna mit dem Kind zu erkennen glaube. (1961)

34. und 35. Vor Millionen von Jahren bedeckte Wasser diese überwältigenden Formationen. Durch den Bau des Glen Canyon Damms wurden sie wieder in ihren ursprünglichen Zustand versetzt. Ich habe die Aufnahmen in einem unberührten Landstrich am Colorado River gemacht, der die Szenerie für den Film „The Greatest Story Ever Told“ bilden sollte. Vor Beginn der Dreharbeiten blieben mir noch mehrere Tage, die ich nutzte, um durch diese faszinierende Landschaft inmitten einer Reservation der Navajo-Indianer zu wandern. Die ausgedörrte Weite ringsum schien auf neues Grün zu warten. (1963)

36. Diese vulkanischen Kegel entlang des Anden-Flusses bei Quito in Ecuador sind von Gras überwachsen und erscheinen reif für eine üppigere Vegetation. Man könnte sich jetzt einen Regenbogen vorstellen, der den Wechsel der Jahreszeit anzeigt und die Farben der kommenden Blüte vorausahnen läßt.

## *Die Jahreszeiten*

37. „Frühling“. Als Einführung diese Darstellung von der ersten der vier Jahreszeiten. Das Bild zeigt eine blühende Wiese in Sizilien. Der impressionistische Effekt, der den Eindruck des Frühlingshaften noch erhöhen soll, wurde durch eine Doppelbelichtung erzielt. Das erste Bild nahm ich absichtlich unscharf und unterbelichtet auf. Anschließend fotografierte ich das gleiche Motiv noch einmal, und zwar diesmal scharf eingestellt. Bei beiden Belichtungen wurde die Kamera mit der Hand gehalten. (1965)

38. und 39. Nahaufnahmen blühender Wiesenblumen. Für beide Bilder verwendete ich ein Nah-Objektiv, um die den Blumen eigene Anmut und Schönheit deutlich zu machen.

40. Regenschauer sind für den Frühling genauso typisch wie Sonnenschein. Damit man den Regen deutlich spürt, habe ich bei diesem Foto eine langsame Verschlußzeit gewählt. Dadurch konnte ich die rosa Blüten konturscharf herausbringen und gleichzeitig die rasch herabfallenden Regentropfen — lange, nasse Fäden — quer durch das Bild ziehen lassen. (1970)

41. Ein Blütenmeer, das ich von einer Anhöhe im New Yorker Central Park aus fotografierte. Der Blick fällt durch die Äste dieses blühenden Baumes auf Bäume im Hintergrund, deren Blüten zu einer duftigen Fülle von Rosa und Weiß verschmelzen. (1970)

42. und 43. Das Wunder der Schöpfung manifestiert sich unaufhörlich in den Zyklen des Pflanzenlebens. Auf diesen beiden Bildern sieht man in zwei Stadien, wie sich eine eiförmige Knospe zur Blüte öffnet. Ich beobachtete und fotografierte diese Rose in halbstündigen Abständen, während sich die Knospe langsam bis zur vollen Blüte entfaltete. Die Bilder wurden in einem geschlossenen Raum bei natürlichem Licht aufgenommen. Ich verwendete dazu mein normales 50-mm-Micro-Nikon-Objektiv. (1970)

44. bis 46. Drei weitere, im Freien mit einem Nahobjektiv aufgenommene Blumenstudien. Um die Details scharf herauszuarbeiten, stellte ich das Objektiv meiner Kamera auf F8, mußte dann allerdings wegen des gedämpften Lichtes mit $^1/_{10}$ Sekunde belichten. Zufällig fand ich in der Nähe ein längeres Stück Holz, auf das ich meine Ellenbogen stützte, um die Kamera ruhig halten zu können. Eine solche Stütze ist mir bei längeren Belichtungszeiten (weniger als $^1/_{25}$ Sekunde) lieber als ein Stativ, das ich mit mir herumschleppen müßte. (1971)

47. „Sommer". Ein Bild voller Wärme und Farben. Es wurde in derselben Weise zweimal belichtet wie die Interpretation des „Frühlings" auf Abb. 37. (1964)

48. Blick über ein italienisches Tal. In einem magischen Augenblick taucht die Sonne des Spätnachmittags die Bäume in ein wunderbares goldenes Licht. Es scheint, als ergösse sich ein Strom von Gold zwischen den beiden Hügeln hindurch. (1964)

49. Mitten im Walde. Auch dies ist eine Doppelbelichtung. Bei der zweiten Aufnahme auf dem gleichen Filmrahmen habe ich die Kamera ein wenig weiter nach links gehalten. Dadurch entstand der Eindruck einer noch größeren Dichte des Waldes. Genau das wollte ich auch erreichen. (1961)

50. Ein Stück Waldboden. Das interessante, von einem Schößling überdeckte Muster wurde im Hochsommer aufgenommen. (1970)

51. Eine sumpfige Stelle in Dark Harbor in Maine. Dicht wuchern hier Gräser und Unkraut aller nur möglichen Grüntönungen. Die Farben des Hintergrundes in der freien Natur lassen sich nach meiner Erfahrung am schwierigsten aufnehmen, besonders wenn die hellen Frühlingsfarben schon zu sattem Sommergrün geworden sind. (1965)

52. Dem Betrachter entgehen oft viele der kleineren Einzelheiten in der Natur. Dieses Licht auf einem Grashalm erregte meine Aufmerksamkeit, und ich machte eine Nahaufnahme davon. Ich fotografierte gegen die Abendsonne und konnte dadurch die Oberflächenspiegelung mit ihren Abstufungen von Grün isolieren und abstrahieren, während der Rest des Halmes im Schatten lag. (1969)

53. Ein Grashalm, der sich nach der ersten kühlen Spätsommernacht zusammengerollt hat. (1968)

54. bis 56. Drei Laub-Studien, die verschiedene Aspekte und Phasen des Wachstums zeigen. In der feinen roten Linie (der Rand eines Kaktusblattes) auf Abb. 54 kommt aufstrebendes Wachsen, in dem herabhängenden Blatt im Vordergrund der Beginn des Welkens zum Ausdruck. Die zweite Studie, auch hier ein Kaktus, läßt die kathedralengleiche Innenstruktur einer Pflanze erkennen. Das dritte Foto zeigt die Blätter der riesigen Xanthosoma Mataff in einem Regenwald in Ecuador. Sie symbolisieren das Ende des Wachstums. Schon haben Insekten sie zerfressen. (1965)

57. „Herbst". Dieser Effekt wurde durch zweimaliges Aufnehmen des gleichen Motivs auf demselben Bildrahmen erzielt. Ich habe beide Bilder mit normaler Scharfeinstellung, aber aus ver-

schiedener Entfernung fotografiert und beide etwas unterbelichtet, so daß sie zusammen den Eindruck einer einzigen, normal belichteten Fotografie erwecken. Da Hintergrund und Vordergrund gesondert aufgenommen wurden, verschmelzen die Farben zu einer schönen und besonders wirkungsvollen Komposition. (1966)

58. Die subtile Palette einer Herbstlandschaft in der Wüste von Arizona. Das dornige Gebüsch, das sandige Gestein, ja sogar der Himmel erscheinen wie Variationen ein- und derselben Farbe. Was im Hintergrund auf den ersten Blick wie ein bewölkter Himmel aussieht, ist in Wirklichkeit eine Felsfläche.

59. bis 61. Vertrocknende Herbstblätter, die sich zusammenrollen, in der Frühe eines warmen Tages aufgenommen. Der Tau erhöht noch die Leuchtkraft der Farben. Auf Abb. 61 trug der feuchte Dunst zu dem Regenbogenschimmer des Lichtes bei, das durch die Zweige bricht. (1969)

62. und 63. Zwei Fotografien von einem Blatt, im Morgennebel aufgenommen. Auf dem ersten Bild wirkt hier jeder Wassertropfen wie eine winzige Lupe, die einen kleinen Blattausschnitt vergrößert. Auf dem anderen, aus etwas größerer Entfernung aufgenommenen Bild hat die von dem Stein absorbierende Feuchtigkeit eine dunkle Umrandung um das Blatt gebildet. (1969)

64. und 65. Eine Winterphantasie. Die Mammoth Hot Springs im Yellowstone National Park kämpfen gegen den Winter an. Am Rande der heißen Quellen schmelzen Eis und Schnee und verdampfen in dichten Schwaden in der klirrenden Kälte. Das zweite Foto zeigt Nebelschwaden, die über den Schwefelgruben aufsteigen. (1966)

66. Winterliche Muster in einem Fluß. Unter dem Eis, das sich auf dem Wasser gebildet hat, nehmen die Felsen und Steine im Flußbett ungewöhnliche Formen und Farben an.

67. Auf der zweiten Studie sehen wir Luftblasen in der dünnen Eisschicht über einem Wasserlauf. Die Formen auf beiden Bildern scheinen wie Spiegelungen des Universums selber. (1966)

68. und 69. Hier fangen die Zweige mit ihrer Schneelast die Winterstimmung in reinster Form ein. Beide Bilder erscheinen wie die Quintessenz dieser Jahreszeit. Der Schnee erweckt die Illusion, als ständen die Bäume in voller Blüte. Abb. 69 ist eine Doppelbelichtung. Ich richtete meine Leica zunächst auf die Bäume und fotografierte sie mit $^{1}/_{25}$ Sekunde; dann machte ich eine zweite Aufnahme auf dem gleichen Rahmen vom fallenden Schnee (mit $^{1}/_{100}$ Sekunde), wobei ich die Entfernung auf die Schneeflocken nahe der Kamera einstellte. (1966)

70. Selbst das Unbelebte in der Natur erinnert zuweilen an das Leben. Die weich-fließenden Konturen des Neuschnees auf Steinen in einem flachen Flußbett erinnern an menschliche Gestalten, die, einander umarmend, am Boden liegen. (1964)

71. Die Wiederkehr der wärmeren Jahreszeit läßt das Eis auf dem Fluß schmelzen. Dabei bildeten sich hier Umrisse, die einem menschlichen Profil gleichen. (1961)

## *Die Geschöpfe*

72. und 73. Man kann sich kaum einen urzeitlich-spukhafteren Anblick vorstellen als diese über die Felsen der Galapagos-Insel Narborough ziehenden Leguane, besonders wenn am Abend die Nebel aufsteigen. So monströs diese Reptilien aussehen mögen — in Wirklichkeit sind sie ganz harmlos. Der Leguan auf Abb. 72 wurde aus nächster Nähe aufgenommen, um ihn riesenhaft groß erscheinen zu lassen. (1969)

74. und 75. Ein Schwarm von Flamingos über dem Hunting-ton-See in Kenya, vom Flugzeug aus aufgenommen. Über drei Millionen dieser Vögel drängten sich entlang eines vulkanischen Küstenstrichs mit zahlreichen heißen Quellen. Die Flamingos ziehen von einem See zum anderen und suchen besonders nach bestimmten Mineralien, die nicht immer zusammen an einer Stelle vorkommen. Beide Fotos wurden mit einer normalen 55-mm-Linse und einem Polarisationsfilter aufgenommen. (1970)

76. Fliegender Adler. Ich nahm das Bild mit einer sehr schnellen Verschlußzeit auf, während ich der Flugbahn des Adlers mit meiner Kamera folgte. Dadurch verwischten sich die Bäume im Hintergrund zu einem abstrakten Muster, das den Eindruck von schneller Bewegung noch erhöhte. (1970)

77. Ein Reiher in Kenya, den ich im letzten Strahl der Abendsonne fotografierte. Diese eindrucksvolle Silhouette entstand in dem Augenblick, als der Vogel seinen Flug bremste, um sich auf einem Baumstumpf niederzulassen. Ich hatte meine Kamera auf $^{1}/_{500}$ Sekunde bei Blende 2 eingestellt. (1970)

78. Felsklippen in Island, an denen die Möven zu tausenden brüten. Ich verwendete ein Teleobjektiv für die Aufnahme. Dadurch konnte ich die im Hintergrund friedlich nistenden Vögel deutlich heranholen und gleichzeitig die Bewegung des Flügelschlags der in meiner Nähe vorbeifliegenden Möven auf das Bild bringen. Eine Wechselwirkung von Bewegtheit und Proportionen ist das Ergebnis. (1965)

79. Eine Fischzucht in Kaschmir. Das Wasser war kristallklar, doch flimmerte es von Spiegelungen, die das Sonnenlicht hervorrief. Um dieses störende Element auszuschalten und die Farben zur Geltung zu bringen, verwendete ich einen Polarisationsfilter.

80. und 81. Diese Delphine habe ich durch ein Fenster des Seeaquariums in Miami aufgenommen. Das Licht reichte für eine Verschlußzeit von $^{1}/_{200}$ Sekunde bei Blende 5,6.

82. Wie liebreich die Natur sein kann, kommt beredt zum Ausdruck in dem zärtlichen Verhalten dieses Seelöwen zu seinem Jungen. Die runden Formen des Felsens, auf dem die beiden sich sonnen, harmonieren mit den runden Leibern der Tiere.

83. Dieses Bild wurde in dem Haifisch-Kanal des Seeaquariums von Miami aufgenommen.

84. und 85. Eine Riesenschildkröte bahnt sich ihren Weg über einen Felsen auf den Galapagos-Inseln. Ihr Umfang maß über $1^{1}/_{4}$ m, und sie war sicher schon über 100 Jahre alt, als ich sie 1965 fotografierte. Es gibt dort viele Riesenschildkröten, doch muß man Stunden wandern, um ihr Schutzgebiet zu erreichen.

Auf den Galapagos-Inseln gibt es auch Laich-Gründe von Millionen Krabben. Im Licht der Abendsonne — wie hier auf Abb. 85 — und besonders, wenn sie vom Meerwasser überspült wurden, leuchteten die Krabben in einem kräftigen Rot. (1965)

86. und 87. Nur wenige Lebewesen erinnern so sehr an graue Vorzeiten wie Krokodile und Flußpferde. Beide Bilder wurden mit einer Telelinse aufgenommen und stammen von einer Bootsfahrt auf dem Nil in der Nähe der Murchison-Fälle, wo eine exotische Tierwelt noch unvermindert gedeiht. (1970)

88. und 89. Das Tier auf Abb. 88 könnte man auf den ersten Blick für ein Mammut halten, und die Konturen der Berge im Hintergrund haben fast die Form eines Dinosauriers, so daß diese in Kenya aufgenommene Szene einer längst vergangenen, vorgeschichtlichen Zeit anzugehören scheint. Das zweite Bild wurde bei Sonnenuntergang in Uganda aufgenommen. (1970)

90. So friedlich der Anblick dieser Herde sein mag — der Büffel ist eines der gefährlichsten Tiere in Afrika. Ich habe dieses Bild ebenfalls mit Teleobjektiv vom Dach eines Landrovers aus aufgenommen. Es war vormittags gegen 10 Uhr. (1970)

91. Schlafendes Löwenpaar. Der Serengeti National Park in Afrika ist berühmt für seine Löwenbevölkerung. Die Tiere jagen meist bei Nacht und schlafen am Tage. Ich habe von diesem Löwenpaar zahlreiche Aufnahmen bei voller Sonnenbeleuchtung gemacht, entschied mich dann aber doch für dieses Bild mit seiner friedlichen Stimmung und den ruhigen Farben. Ich hatte es aufgenommen, als gerade eine Wolke über uns hinwegzog. (1970)

92. Das Wildebeest (Weißschwanzgnu) wird oft der Clown der Savannen genannt. Die Tiere leben in großen umherziehenden Herden und wandern stets genau in Reih' und Glied. Sie erscheinen so straff und gut organisiert wie eine Armee. Auf diese Gruppe hier bin ich zwischen Serengeti und Masai Mara gestoßen. (1970)

93. und 94. Zwei Bewegungsstudien. Diese verschwommenen Bilder von Wildpferden, die durch die heiße, ausgetrocknete Wüste Nevadas galoppieren, wurden mit langer Belichtung — etwa $^1/_5$ Sekunde — bei Brennweite 16 im verblassenden Spätnachmittagslicht aufgenommen. (1960)

95. Flamingos beim abendlichen Formationsflug über den dunkelgrünen Wassern des Huntington-Sees. Ich verwendete einen Polarisationsfilter, um die Reflektionen zu vermindern und die einheitliche Farbtönung des Hintergrundes herauszuarbeiten. Durch die lange Belichtung von etwa $^1/_5$ Sekunde bei Blende 11 (mit einem 400-mm-Leicaflex-Objektiv) gelang es mir, den graziösen Flügelschlag der Vögel auf das Bild zu bannen.

96. und 97. In Uganda verbrachte ich fast einen ganzen Tag mit der Beobachtung von Kranichen. Auf Abb. 96 fliegen zwei Vögel so dicht und in so perfektem Rhythmus nebeneinander, daß sie beide wie ein einziger Vogel erscheinen.

Abb. 97. Als ich meine Kamera auf die Kraniche richtete, bemerkte ich plötzlich die springende Impala. Es schien, als habe der Flug der Vögel dieses graziöse Tier inspiriert, und als wolle es mit seinen langen, fliegenden Sprüngen den Kranichen nacheifern. Beide Bilder wurden mit einem 400-mm-Leicaflex-Objektiv aufgenommen. (1970)

98. und 99. Diese Bilder erwecken den Eindruck, als wären sie nur ein paar Meter voneinander entfernt aufgenommen worden. In Wirklichkeit liegen tausende von Kilometern und 10 Jahre zwischen den beiden Fotos. Das Bild dieser anmutvollen Impalas entstand 1970 in Ostafrika, und das Reh mit seinem Kalb, die beide im Schatten ruhen und vertraulich miteinander zu reden scheinen, wurde 1960 in Kalifornien fotografiert.

100. So könnte man sich einen Winkel des Gartens Eden vorstellen. Drei Tage lang habe ich von einem kleinen Ruderboot aus zwischen den üppig-grünen Papyros-Inseln im Nyasa-Seen-Gebiet das Leben und Treiben der herrlichen Riesenreiher beobachtet und fotografiert. Diese großen Vögel bewegen sich langsam und lautlos in einer ungemein farbenprächtigen Umgebung.

101. An einem Spätnachmittag traf ich auf diese beiden Paviane am Ufer des Manyara-Sees und beobachtete sie beim Spiel und bei der Mahlzeit. Das Paar hatte etwas sehr Menschliches an sich, und zwar sowohl im Aussehen als auch in der Art und Weise, wie die beiden miteinander umgingen.

102. Diesem Admiral bin ich eine ganze Weile gefolgt, bis er sich schließlich auf diesem Blatt niederließ. Ich stand in einiger Entfernung, aber mit einem 180-mm-Summitan-Objektiv gelang mir diese Nahaufnahme. (1965)

103. Hier wollte ich eine Vorstellung davon gehen, was eine Biene sieht, wenn sie auf der Suche nach Nektar die Pforten einer Blüte betritt. Ich benutzte ein 55-mm-Micro-Nikon-Objektiv, mit dem man im Gegensatz zu dem für Abb. 102 verwendeten Tele-Objektiv einen Gegenstand aus ganz geringer Entfernung fotografieren kann. (1965)

104. Im Nationalpark von Nairobi traute ich meinen Augen kaum, als ich auf einem Dornenbusch diese Schlange erblickte. Das Tier lag so leicht auf den stacheligen Zweigen, daß es in der Luft zu schweben schien. Ich nahm das Bild mit einer 90-mm-Leica-Linse aus etwa 3 m Entfernung auf.

105. und 106. Bei der Darstellung der Schöpfungsgeschichte ist es wohl am schwierigsten, den Menschen zu porträtieren. Diese beiden Bilder wurden auf einer Sanddüne aufgenommen. Es ging ein leichter Wind, und die Strahlen der frühen Morgensonne trafen die beiden Gestalten im Gras. Abb. 105 entstand auf ganz gewöhnliche Weise. Abb. 106 dagegen ist ein Sandwich, bei dem das Bild der Sonne auf das Motiv der sich erhebenden Figuren projiziert wurde. (1970)

Dieses Buch widme ich meinen Kindern Alexander und Victoria

Von all denen, die mir bei der Entstehung dieses Buches geholfen haben, bin ich vor allem zu Dank verpflichtet Helen Wright, Bryan Holme, Mauro und Marina Filicori, Dan Budnik, den Quality Color Laboratories

Der Text der Schöpfungsgeschichte aus der Genesis des Alten Testaments folgt der Übersetzung Martin Luthers